Er-wacht

Vorwort

Ihr Lieben, die dieses Buch lesen. Bereits als kleines Kind war ich sehr neugierig und mein größter Wunsch war es, dass die Menschen sich lieben. Irgendwann hat auch mich der Alltag eingeholt aber ich bin wieder erwacht und dies ist meine Geschichte für Euch.

Ich glaube nicht mehr an Gott, ich weiß das er da ist in jeden von uns und nichts und niemand kann mich von was anderen überzeugen.

Du bist der Schöpfer, wir sind alle vereint bis in alle Ewigkeit.
Erkenne, geh los und handle das ist dein Weg.
Du bist die Seele die einen Körper hat, du bist einer von vielen, die die Welt in Liebe bringt. (Gott)

Die neugierige kleine Seele, die die Welt zu einem besseren Ort machen wollte

„Siehst du all' die hellen Lichter dort auf der Erde?", fragte die neugierige kleine Seele Gott. „Natürlich sehe ich sie", antwortete Gott, „das sind die Menschen." „Aber warum?", fragt die neugierige Seele. „Leuchten manche Menschen so schwach und andere so hell?"

" Einige Menschen haben vergessen wie hell sie leuchten können, sie haben vergessen oder verlernt mit ihrem Herzen zu fühlen, sie rennen und hasten umher und hören nicht mehr auf ihr Herz."

„Aber wenn sie immer dunkler werden", sagte die neugierige Seele, „dann geht bald das Licht aus." Traurig schaute die neugierige Seele nach unten."

Gott lachte: „Nein das Licht geht niemals aus", antwortete er. "Das Licht im Herzen bleibt für immer, es wird nur schwächer aber die Menschen können es wieder heller machen." „Aber wie machen sie das?", fragte die neugierige Seele. Nun sprach Gott:" Indem sie wieder mehr in ihr Herz schauen und ihrem Herzen folgen."

„Oh ja, wie wundervoll", sprach die neugierige Seele. „Ich geh hin und sag es ihnen, ich sag ihnen, es ist ganz einfach. Hört auf euer Herz". Die neugierige Seele freute sich so sehr. Gott lachte:" Von hier oben kannst du es ihnen nicht sagen", antwortete er. „Dafür musst du dich schon entscheiden auf die Erde zu kehren." „Ja, das meine ich doch", sprach die Seele. „Ich geh zur Erde und du wirst schon sehen. Es wird dann so hell sein, jeder Mensch wird dann leuchten."

Gott sprach:" So einfach, liebe Seele, ist es nicht. Sie werden nicht alle auf dich hören." „Aber es ist doch so wunderschön sein Herz zu fühlen. Wir wissen das beide aber viele Menschen haben es verlernt und glauben auch nicht daran. Aber wenn sie es nicht einmal versucht haben, wie kann es dann sein das sie nicht daran glauben?" „Leider ist es so. Viele Menschen haben den Glauben an sich selbst und auch an mich verloren", antwortete Gott.

„An dich Gott? Aber es gibt dich Gott. Ich sehe dich doch und fühle dich auch." „Ja, kleine neugierige Seele. Alle Menschen haben schon einmal vor mir gestanden und mich auch gesehen und gefühlt aber viele haben es vergessen." „Und warum?", fragte die Seele. „Weil sie so viel mit anderen Dingen beschäftigt sind. Sie meinen, sie müssen immer nur arbeiten um Geld zu verdienen. Sie machen Dinge wozu sie eigentlich keine Lust haben, weil sie denken, sie müssen es tun. Sie gehen nicht in die Ruhe und Stille, sie verlernten immer mehr und mehr zu fühlen. Sie klammern sich an andere Menschen und erwarten, dass sie sie glücklich machen. Dabei haben sie nur vergessen, dass das nur jeder alleine für sich machen kann. Sie haben viele Ängste und laufen vor ihnen davon, dabei ist das Gegenteil von Angst die Liebe und das Licht, dass aus dem Herzen kommt."

„Ok ok", rief die kleine Seele. „Das ist ja schrecklich. Warum quälen sie sich selbst so und warum verstehen sie es nicht und versuchen es einfach wieder mit dem Herzen zu fühlen? Kannst du nicht was dagegen tun, Gott? Du bist doch Gott, wenn du ihnen nicht helfen kannst, wer soll es dann tun?"

Nun sprach Gott:" Ich bin immer bei jedem Menschen und meine Helfer, die Schutzengel sind es auch. Nur da viele Menschen nicht ruhig und offen sind, überhören sie mich und die Engel."

Die kleine neugierige Seele wollte das nicht so hinnehmen. Sie saß auf der Wolke und schaute auf die Erde. „Hmm, es muss eine Lösung geben. Wenn ich nur lange darüber mit meinem Herzen fühle, wird es mir einfallen.

Plötzlich verspürte die kleine neugierige Seele das große Verlangen auf die Erde zu kehren und den Menschen zu helfen, um wieder in ihr Herz wiederzukehren. Aufgeregt ging sie zu Gott. Gott sagte sie:"Ich möchte auf die Erde und den Menschen helfen aber vorher muss ich noch einige Fragen von dir beantwortet haben." „Und welche Fragen sind das?", fragte Gott.

„Wie kann ich denn allen Menschen helfen und nicht nur ein oder zwei?"

Nun sagte Gott:" Das wird ein langer schwieriger Weg für dich werden aber er ist nicht unmöglich. Wenn du es schaffst einen Menschen wieder zu seinem Herz zurück zu leiten, dass er wieder in seine vollkommenen Liebe kommt, dann strahlt dieser Mensch in einem göttlichen Licht und überträgt es auf alle Menschen, die ihm begegnen. Dieses Licht umhüllt die anderen Menschen und sie fangen plötzlich an zu spüren wie wohl sie sich fühlen. Einige von ihnen hinterfragen und schauen, fangen dann auch an mehr auf ihr Herz zu hören und diese Menschen leuchten dann auch heller und übertragen es wieder. Und so ist es ein Kreis der Liebe und wo so viel Licht und Liebe ist, da kommt die Dunkelheit nicht mehr gegen an aber vergiss nicht, nur in der Dunkelheit kannst du das

Leuchten auch sehen. Einige der Menschen nennen es auch Energien, die sich übertragen. Wo gute Energie ausgestrahlt wird, da kommt auch gute Energie zurück. Und sagte Gott:" Was noch wichtig zu wissen für dich ist, du kannst es ihnen nicht sagen, sie werden dir nicht glauben. Du musst mit deinem Herzen reden, damit sie die Liebe fühlen."

„Das ist doch einfach", sagte die neugierige Seele. „Und kann es los gehen?", fragte sie aufgeregt Gott. „Du hast es aber sehr eilig", sprach Gott. „Vorher möchte ich dir noch eins sagen. Egal was du auf der Erde erlebst, ich bin immer bei dir und deine Schutzengel sind es auch. Du bekommst einen Körper, um den solltest du dich gut kümmern. Ihm immer nur das beste geben und ihn genauso lieben wie dich kleine Seele. Du solltest die Menschen nicht verurteilen, denn du weißt nicht warum sie so sind, wie sie sind. Versuche nicht die Menschen zu verändern, wenn sie es nicht möchten, denn jeder hat einen freien Willen. Und nun, wenn du bereit bist, schauen wir mal zur Erde und suchen für dich die passenden Eltern aus. „Eltern?", fragte die neugierige Seele. „Was ist das?" „Eltern sind Vater und Mutter. Du wirst auf die Erde kommen mit deiner Geburt, du hast dann einen Körper und eine

Mutter und einen Vater. Du nennst sie dann Mama und Papa." „Ok", sagte die kleine Seele. "Und los geht's, kann ich jetzt gehen?" Gott lächelte:" Ja, das kannst du, du wirst einiges vergessen und bestimmt oft an dir zweifeln aber wenn du immer in deinem Herzen bleibst, dann schaffst du es. Irgendwann sehen wir uns wieder, kleine neugierige Seele, weil du bist unsterblich. Ich liebe dich." „Ich liebe dich auch, Gott", sprach die kleine Seele und dann wurde es dunkler.

„Oh wo bin ich?", dachte sich die kleine Seele. Ich höre stimmen und ich bin im Wasser, es ist schön hier, es fühlt sich warm an aber wo sind jetzt Mama und Papa? „Gott bist du noch da oder bin ich schon auf der Erde?" „Du bist schon auf der Erde", sagte Gott, „du befindest dich im Bauch deiner Mutter und sie wird dich bald zur Welt bringen." „Oh wie schön ich kann es kaum erwarten."

Neun Monate waren nun vergangen und die kleine neugierige Seele freute sich endlich geboren zu werden. „Wie Mama und Papa wohl aussehen?"; dachte sie: „Und ob ihr Licht wohl hell oder dunkel ist hmmm."

„Oh, das muss der Weg sein", dachte sich die kleine Seele. „Die Stimme kenne ich, ich glaube, das ist *meine Mama, die habe ich jeden Tag gehört aber warum schreit sie so? Oh jetzt wird es eng oh oh, nein nein. Ich bleib doch lieber hier. Gott, hol mich zurück", rief die kleine Seele und schwubs wurde sie geboren und sah zum ersten Mal das Licht der Erde.*

Irgendwie kann ich nicht richtig sehen, dachte sie. Alles ist so verschwommen. Oh ich fühle meine Mama. Sie weint aber sie weint, weil sie sich so freut, dass ich da bin. Da wein' ich doch mal mit, denn ich freue mich ja auch. Juhuhu, ich habe es geschafft. Ich bin auf der Erde und das muss wohl mein Papa sein, oh der kratzt irgendwie.

Ich bin jetzt sehr müde, als die kleine Seele einschlief, stand ihr Schutzengel vor ihr und legte seinen Zeigefinger auf die Mitte der Oberlippe und sprach:" Vergiss nicht kleine Seele, nicht das Reden ist wichtig, sondern das fühlen." In der Mitte der Oberlippe bildete sich eine kleine Kuhle, der Fingerabdruck des Engels, so wie ihn jeder Mensch auf seiner Oberlippe hat.

Dies ist meine Lebensaufgabe, auch wenn ich nicht alle Menschen erreiche und wenn es nur wenige sind, dann habe ich schon viel erreicht.

Ich glaube nicht an Zufälle, alles hat einen Grund und es hat auch einen Grund warum du gerade dieses Buch in den Händen hältst!

Mit diesem Buch möchte ich den Menschen Hoffnung geben, ich möchte das die Menschen hinhören, verstehen und sich selbst beobachten.

Was löst dieses Buch in dir aus? Wie fühlt sich das an, was ich hier schreibe? Versuche ganz in diesem Buch zu sein, versuch dieses Buch nicht mit deinem Kopf anzunehmen, sondern mit deinem Herzen.

Wie fühlt es sich an, wenn ich dir sage:" Alles was du brauchst ist bereits in dir?"
Ja, jetzt denkst du so ein Blödsinn richtig? Ja, das habe ich auch gedacht.
 Ich habe immer im Außen gesucht, ich habe dutzende Bücher gelesen, habe mich mit vielen spirituellen Menschen beschäftigt und gehofft das ich erleuchtet werde und endlich aufwache.

Erst als ich mich selbst zu lieben begann, als ich die Dinge angenommen habe, hat sich mein Leben verändert und ich bin aufgewacht.

Es ist so einfach, es ist so wunderschön und deshalb möchte ich es mit allen, die dieses Buch lesen teilen.

Ich danke dir vom ganzen Herzen, dass du dir die Zeit nimmst dieses Buch zu lesen. Ich werde so gut wie es geht alles wiedergeben was mir geholfen hat zu erwachen und ich weiß das Buch wird auch in dir einiges bewirken, versuche deshalb ganz in dir zu sein.

Vielleicht musst du dieses Buch mehrmals lesen, um zu begreifen welch' wunderbares, göttliches Wesen du bist und wie einfach alles ist. Ich gebe dir mein 100%iges Versprechen, dass alles was ich hier schreibe die absolute Wahrheit ist.

In Licht und Liebe von Herz zu Herz

Bettina

Ist das der Sinn des Lebens?

Ich hatte eine sehr schwere Kindheit die aber auch ihre schönen Seiten hatte. Mein Leben lief nicht immer rosig ab. Es war oft schwer und steinig und ich war oft gefangen in mir selbst, wollte allen alles recht machen und habe mich dabei selbst vergessen.

Vor ca. zwei Jahren verstarb meine Freundin, es war eine sehr schlimme Zeit für mich und ich trauerte Tage und konnte einfach nicht begreifen wie schnell doch so ein Leben plötzlich beendet sein kann.

Ich stellte mir die Frage, ob dass das Leben sein kann, ob es nicht noch mehr gibt.

Es kann doch nicht sein, dass das der Sinn unseres Lebens ist.

Wir werden groß gehen arbeiten, arbeiten und arbeiten, wir haben ja beigebracht bekommen zum Überleben musst du arbeiten, musst Geld verdienen und so warten wir auf Feierabend, auf das freie Wochenende, auf Urlaub und schließlich auf die Rente.

Nein, das kann doch nicht der Sinn sein.

Da muss es doch noch mehr geben. Diese Frage die ich mir selbst immer wieder stellte hat alles in mir verändert.

Meine Heilung und die Veränderung dadurch

Erst vor einem Jahr habe ich angefangen bewusster zu leben und habe gemerkt, wie gut es mir tut, meine eigene Wahrheit auch zu leben. Ich schaue seit zwei Jahren kein Fernsehen mehr, höre mir keine Nachrichten mehr an, weil ich mir sicher bin das alles was wir aufnehmen in unserem Bewusstsein gespeichert wird.

Ich bin schon ein paar Jahre Vegetarier und seit kurzem Vegan, mehr vielleicht schon Rohkostler. Ich habe meine Kaffeesucht von einen auf den anderen Tag abgelegt. Ich esse und trinke bewusster, achte auf gesunde Ernährung, vor allem gesundes Wasser.

Veränderung fängt bei mir an und das was ich in mir verändere, verändere ich auch in der Welt. Ich schaue nicht weg, ich weiß sehr wohl von dem Elend in der Welt aber ich suche nach Lösungsmöglichkeiten und konzentriere mich nicht zu viel auf das negative. Manchmal meditiere ich und arbeite mit meinem inneren Kind.

Ich habe es ganz abgelegt Medikamente einzunehmen, habe meine Schilddrüsen Tabletten in den Müll geworfen und weiß tief in meinem inneren, dass die Natur uns heilt. Gott hat uns alles gegeben was wir brauchen, ich achte auf die Sprache meines Körpers und nehme Schmerzen an, ich weiß, wenn ich Kopfschmerzen habe, will mein Körper mir sagen: Hör auf dir den Kopf zu zerbrechen.

Ich lehne für mich Impfungen ab, das ist sicher nichts was von Gott kommt,
ich glaube Krankheiten entstehen, wenn wir nicht auf die Sprache unserer Seele hören, wenn wir alles unterdrücken dann redet unser Körper mit uns und erst dann hören wir zu.
Ich bin mir sicher, das alles geheilt werden kann.
Ich selbst durfte vor 1,5 Jahre Heilung erfahren. Von Kindheit an hatte ich eine sehr ausgeprägte Skoliose. Es wurde festgestellt als ich 11 Jahre alt war, kein Arzt konnte es sich erklären. Jahre lang machte ich Krankengymnastik, ich quälte mich mit wahnsinnigen Schmerzen. Ich nahm dutzende Tabletten, bekam Spritzen im Kopf, im Nacken aber es half alles nichts. Dann lass ich eines Tages von einer Begradigung.
Ob das wirklich möglich ist, dachte ich, bei mir. Wie kann es sein das eine schief gewachsene Wirbelsäule von einen auf den anderen Tag grade ist?

Ich legte das ganze Thema wieder zur Seite.
Monate später ging ich regelmäßig zu einem
Reikitreffen. Einmal im Monat nahm ich daran teil,
es war eine kleine Gruppe von Menschen, die von
einer Schamanin geführt wurde. Es tat mir gut, ich
freute mich jedes Mal auf diesen Austausch und
diese Erfahrung, die ich machen durfte.
Irgendwann erzählten sie in dieser Gruppe von der
Wirbelsäulenaufrichtung und das die
Veranstalterin der Gruppe dies auch ausführt.

Ich wurde neugierig und dachte mir ok, was habe
ich zu verlieren? Hatten mich doch in den letzten
Monaten wieder schlimme Schmerzen geplagt im
Kopf, Nacken, Hüfte u.s.w. . Nicht mal mehr das
Autofahren ging ohne Schmerzen, also schlimmer
geht ja nicht dachte ich. Der Preis war auch ok und
ich vertraute dieser Person, das war mir auch sehr
wichtig. Kurzum ich meldete mich zu einer
Gruppensitzung an.
An dem Abend war ich mit noch zwei anderen
Bekannten dort, die sich ebenfalls angemeldet
haben. Zuvor ließ ich von meinen Schulterblättern
von meinem Sohn Fotos machen, um sicher zu
gehen, dass sich tatsächlich etwas verändert hat.
Ich werde diese Bilder in diesem Buch mit

einbringen.

Ich war ziemlich aufgeregt und konnte es kaum erwarten. Schließlich wurde ich zunächst ausgemessen, ich war ziemlich schief. Meine Wirbelsäule war sehr schief und meine Schulterblätter verschoben, die anderen aus der Gruppe konnten alles mit ansehen. Dann legte ich mich auf eine Liege, auf dem Bauch. Ich weiß nicht was geschah, mir wurde kurz etwas schwindelig und nach ein paar Minuten war ich wirklich grade ohne das ich berührt wurde.

Ich wurde erneut ausgemessen und ich war tatsächlich grade, ich konnte es selbst gar nicht fassen. Über 30. Jahre war ich schief durchs Leben gegangen und nun ist das vorbei, was mich noch viel mehr erstaunte,meine Schmerzen waren sofort weg.

Als ich wieder zuhause war ließ ich wieder ein Bild von meinen Schulterblättern machen und ich war und bin immer noch grade.

Differenz meiner Schulterblätter vor der Aufrichtung.

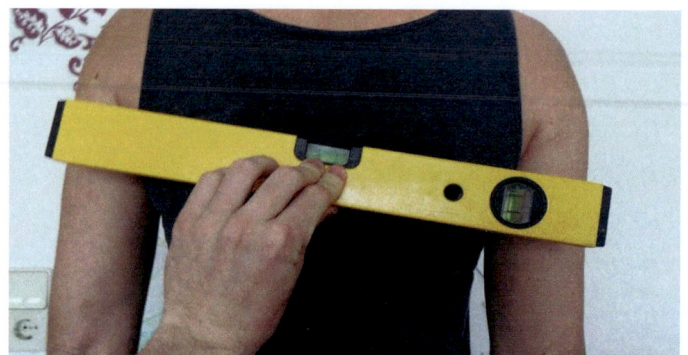

Nach der Aufrichtung bis heute.

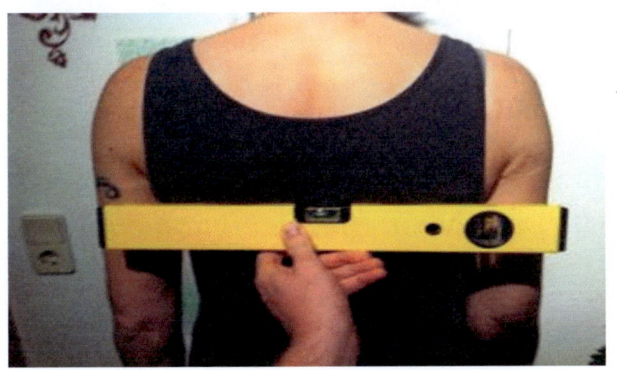

Ihr denkt jetzt quatsch, Blödsinn, geht doch gar nicht oder Placeboeffekt? Glaubt mir als ich das erste Mal davon gehört habe, habe ich auch so gedacht aber es ist die Wahrheit und ich bin so dankbar dafür und nicht nur das mein Körper grade ist, nein seitdem hat sich auch in meinem

Bewusstsein sehr viel verändert.
 Ich glaube, in der Wirbelsäule ist alles gespeichert, wirklich alles was wir erlebt haben, ich bin überzeugt, dass wenn es Blockaden dort gibt, die Energie nicht fließen kann.
 Mit meiner Begradigung konnte auch meine Energie wieder fließen. Nach und nach in kleinen Schritten wurde ich immer bewusster.

Wir alle, so glaube ich, sind Energie, alles ist aus Energie und somit ist alles miteinander verbunden. Und Energie folgt der Aufmerksamkeit. Wenn du positive Energie ausstrahlst, tust du was Gutes für die Welt, ist das nicht wundervoll zu wissen?

Heilung ist möglich und du musst nicht mal daran glauben.
Wie wundervoll, ist es nicht seltsam das von Heilungen nie was in den Nachrichten gebracht wird? Hast du darüber schon mal nachgedacht? Nun gut, ich möchte mich auch nicht in meinem Buch sehr auf negatives konzentrieren aber ich finde jeder sollte alles mal hinterfragen.

Du sollst mir auch nichts glauben, fühle mal nur hinein und hinterfrage, jemand hat mal gesagt: „Die Tiere in der Natur sind nie so krank wie die Menschen, in der Natur gibt es kein Krankenhaus, die Tiere wissen genau welche Pflanzen gut sind für sie und sie denken gar nicht drüber nach sie Essen was sie Essen möchten und was sich für sie gut anfühlt."

„Wir müssen uns nur trauen unserem Herzen und unserer inneren Stimme zu folgen, egal was die anderen sagen."

„Es ist dein Leben, deine Wahrheit vertraue deinem Herzen und geh los. Du bist das Wunder, du bist Liebe und du bist Licht und nur du kannst dich heilen."

„Ein Vogel hat niemals Angst, dass der Ast unter ihm zusammenbricht, nicht weil er dem Ast nicht vertraut, nein er vertraut seinen Flügeln."

(unbekannt)

Wir sind alle miteinander verbunden selbst dein größter Feind, falls du einen hast und deshalb sollen wir nicht hassen, sondern vergeben, um die Liebe und das Licht weiterzugeben. Liebe ist immer größer als Hass und ich glaube fest daran, dass Liebe die Welt heilen kann.Ich wünsche dir, dass du in deiner Liebe bleiben kann

Der Traum von Gott

Vor ca. 20 Jahren hatte ich einen wunderschönen Traum, es war der schönste Traum den ich jemals in meinem Leben hatte, ich stand vor Gott.

Ich arbeitete damals am Wochenende im Nachtdienst in einem kleinen Altenheim in unserem Dorf. Dort arbeitete ich mit einer Frau um die 50 Jahre war sie. Jede Nacht ging sie in die Kapelle um zu beten. Ich hatte zu der Zeit meinen Glauben an Gott verloren, ich dachte, wenn es ihn wirklich gibt, dann würde er dieses ganze Elend auf der Welt gar nicht zulassen, er hätte mir schon längst geholfen und er hätte mir meinen Freund nicht genommen. Diese Frau erzählte mir sehr viel von Wundern und von Gott. Ich hörte ihr immer zu, denn ich fühlte wie sehr sie Gott liebt und ich wollte sie nicht zurückweisen. Sie gab mir auch ein Buch mit von den Wundern von Gott, lange lag es auf meinen Nachtschrank, ungelesen. Doch eines Abends nahm ich es und lass darin, es ging um Pater Pio. Als ich noch einige Zeit wach lag und über das Buch nachdachte sah ich plötzlich ein sehr helles Licht, das an der Decke hin und her fuhr. Es war dunkel im Zimmer und ich schaute ob irgendwo etwas Licht abwirft aber da war nichts, es war stockdunkel. Ich beobachtete das Licht noch eine Weile, dann schlief ich ein. In jener Nacht träumte ich, dass ich vor Gott stand. Ich stand ganz oben im Himmel, jemand muss mich zu ihm gebracht haben, denn es war noch jemand da und hielt meine Hand. Ich wusste, es ist Gott, obwohl ich nichts erkennen konnte. Ich sah nur eine Gestalt mit weißen Umrissen und seine Augen, diese Augen waren aus Licht, es war so ein wundervolles Licht, wie ich es noch nie gesehen habe, es strahlte so hell und ich fühlte so tiefe Liebe, wie ich sie nie zuvor fühlte. Gott sprach mit mir aber ich konnte nichts hören, ich war so fasziniert von diesem Licht. Er zeigte nach unten aber ich wollte nicht hinsehen, ich wollte den Blick nicht aus seinen strahlenden Augen nehmen, die mich so umhüllten mit tiefer Liebe, wie ich sie noch nie erlebte. Immer wieder zeigte er runter, ich schaute kurz hin und sah zwei kleine Kinder, dann wachte ich auf. Ich blieb im Bett liegen und dachte über diesen Traum nach, er war so real, so als wäre es wirklich so gewesen und er war so wundervoll, so einen schönen Traum hatte ich noch nie, plötzlich überlegte ich wer waren diese Kinder? Was wollte er mir zeigen und mir sagen? Und wer war die Person, die mich an der Hand hielt? Ich wusste es nicht und es fiel mir auch nicht ein, so *sehr ich mich auch anstrengte. Sehr oft habe ich an diesen Traum gedacht und mir immer wieder diese Fragen gestellt, ohne eine Antwort. Nie wieder hatte ich so einen wunderschönen Traum gehabt, es war der schönste Traum in meinem Leben. Ich glaube, wenn wir träumen geht unsere Seele auf Reisen und in unserer Seele liegt alles was wir erlebt haben, auch aus vergangenen Leben. Ich glaube auch, dass es keinen Tod gibt, dass unsere Seele ewig lebt.*

Hast du dich schon einmal still hingesetzt und dich auf deinen Atem konzentriert, versucht die Gedanken an dich vorbei ziehen zu lassen? Dich verbunden mit deiner Seele, wir haben nicht nur einen Körper in uns liegt noch viel mehr.

Sei du selbst die Veränderung, die du in der Welt erfahren möchtest

Die Er- kennt-niss meines Traums

Alles was du brauchst ist bereits in dir,
das waren die ersten Worte die Gott mir sagte, als
ich ihm das erste Mal bewusst zugehört habe.
Ich ging durch einen Laden, hatte noch ein wenig
Zeit, um meinen kleinen Enkel von einem
Kindergeburtstag abzuholen und dachte mir" gehst
du noch ein wenig durch das Geschäft nebenan."
Wie ich mir so verschiedene Dinge ansah, hörte ich
plötzlich eine Stimme, die zu mir sagte: "Bettina,
das brauchst du alles nicht." Im ersten Moment
war ich erschrocken, drehte mich rum, um zu
sehen, ob jemand hinter mir stand aber dort war
niemand. Ich sah mir weiter die Dinge an und da
war plötzlich wieder diese Stimme:" Bettina, das
alles brauchst du nicht, **alles was du brauchst ist
bereits in dir, hör auf im Außen zu suchen,
schau nach Innen!"**
Ich hielt Inne und fragte mich, ob ich gerade
Schizophren werde. Ich hielt Inne und dachte,
eigentlich stimmt es ja, ich brauche es wirklich
alles nicht, dann verließ ich den Laden.
Nachdem ich meinen Enkel zuhause absetzte, fuhr
ich nachhause. Mein Anrufbeantworter leuchtete
auf, ich drückte auf „Abhören". Es war meine

Mutter, die 400 Kilometer weit entfernt wohnte, aufgeregt sprach sie auf Band :"Tina, bitte hol mich ab. Ich halte es hier nicht mehr aus, er macht mich krank, bitte Tina. Ich weiß nicht was ich tun soll!" Im ersten Moment erschrak ich, wie immer, wenn meine Eltern wieder Streit hatten. Nur diesmal verhielt ich mich anders, ich atmete ein und aus und sagte: **„Es ist wie es ist!"** Diesen Satz sagte ich mir in letzter Zeit öfters und irgendwie beruhigte mich dieser Satz in schwierigen Situationen immer.

 Ich zog den Stecker vom Telefon hinaus und dachte nicht mehr weiter über meine Eltern nach. Das war wirklich ungewöhnlich für mich, sonst hatte ich immer schon als Kind das Bedürfnis meinen Eltern zu helfen. Es machte mich wahnsinnig, wenn sie Streit hatten, nachts konnte ich nicht schlafen, weil es mich so sehr belastete. Jetzt war es anders, ich dachte nicht mehr darüber nach.

Ich ging ins Bad, ließ das Wasser laufen und wusch meine Hände, als ich plötzlich wieder diese Stimme hörte, die sagte: **„Ich mische mich nie in euer Leben ein, ich setze euch Zeichen, ich greife nicht ein!** Kannst du dich erinnern, Bettina? Ich sagte dir, warum du hier bist aber du wolltest nicht hinsehen!"

Plötzlich erkenne ich. „Ja, ja, der Traum, die Kinder. Es waren meine Eltern, es war als wenn mir nach 20 Jahren etwas wieder einfiel, nachdem ich zwanghaft gesucht habe, in meinem Gedächtnis. Und auf einmal war es da. Na klar es waren meine Eltern. Wieder kam die Stimme: „Ja, aber du hast nicht hingehört was ich dir sagte und auch nicht hingesehen was ich dir zeigte!" Ich fühlte plötzlich sehr tiefe **Liebe**, ich kniete auf meinem Badezimmer Boden und weinte, ich schlug die Hände vor die Augen und weinte und fragte Gott: "Gott? Bist du das?" Ich redete laut mit dieser Stimme und sprach: „Es tut mir so leid, bitte vergib mir. Ich danke dir vom ganzen Herzen, das ich es jetzt weiß, ich war in diesem Traum so geblendet, so fasziniert von diesen Augen und diesem unbeschreiblich schönen Licht, ich konnte mich davon nicht abwenden."

Gott: „Ja, ich weiß. Ich gab dir ein Zeichen aber du hast es nicht gehört, deshalb hast du viel gelitten"

„Oh Gott", sprach ich," die Kinder waren meine Eltern?"

Gott: „Ja, Bettina." Ich kniete weiter und weinte. Ich weinte vor Erleichterung und tiefer Dankbarkeit, es war so ein unbeschreibliches

Gefühl, das ich mit nichts vergleichen kann."
Gott: „Du solltest ihnen Liebe geben aber dich
niemals einmischen, die beiden haben ihre eigene
Lebensaufgabe und du bist hier um ihnen Liebe zu
zeigen aber helfen können sie sich nur selbst. Das
hast du nie verstanden, du wolltest diese Aufgabe
nicht annehmen aber ich schickte dich trotzdem
auf die Erde, um deine Aufgabe zu meistern." Ich
weinte und weinte und sprach immer wieder mit
dem Gefühl des tiefen Friedens: „Oh Gott, bitte
vergib mir, es tut mir leid. Danke, dass ich jetzt
erkennen darf, ich liebe dich."
Gott: „Bettina, ich habe dir schon lange vergeben,
so wie du es jetzt machst, ist es richtig, deshalb hat
dein Leiden jetzt auch ein Ende. Lasse die beiden
alleine ihren Weg finden. Bettina, **Ich bin in dir
und ich bin Liebe, alles was du dir antust, tust
du auch mir an!** Du bist auf einem sehr guten
Weg, **bleib immer in dir** und geh weiter."
Es fühlte sich so gut an, so warmherzig, so voller
Wahrheit und Liebe. Ich fragte: „Gott, bitte sag
mir, wer war in diesem Traum an meiner Hand?"
Gott: „Es war dein Schutzengel, Bettina. Er hat dich
zu mir gebracht und nun geh und schreib alles auf
und dann kannst du es weitererzählen."
Ich ging ins Wohnzimmer nahm Blatt und Stift

und schrieb alles auf, berührt und dankbar.

Als ich alles aufgeschrieben hatte, starrte ich stumm ins Leere meines Wohnzimmers. Ja, es stimmt, dachte ich, ich war immer zwischen meinen Eltern. Ich habe schon als Kind gebetet und gefleht und ich dachte Gott hört mich nicht aber er hat sich nur nicht eingemischt, so wie ich mich hätte nie einmischen sollen.

Gott fragte ich: "Bist du noch da?"

Und Gott antwortete:

"Natürlich bin ich das, ich bin in dir und ich bin Liebe, ich bin das Licht!"

Ich fragte ihn: "Aber wie kannst du in mir sein und in allen anderen Menschen auch?"

"Bettina, verstehe", antwortete Gott, "wenn ein Mensch Liebe und Licht ausstrahlt, gibt er es weiter an alle Menschen, denen er begegnet und mit denen er Kontakt hat. **Wir sind alle eins,** gib das weiter und **hasse nichts und niemanden. Liebe ist Licht aber Liebe ist auch Dunkelheit, alles ist eins."**

Ich fragte weiter: "Gott, gibt es einen Teufel?"

Und er antwortete: "Verstehe Bettina, einige Menschen verhalten sich wie der Teufel, sie fühlen sich im recht mit dem was sie tun. Vergib ihnen, das ist sehr wichtig, damit immer mehr Menschen *aufwachen.* **Bleib immer in dir, suche nichts im Außen, sei achtsam und lausche den Zeichen, die die Liebe dir gibt.**"

Ich saß lange in meinem Wohnzimmer und schaute aus dem Fenster, mein Kopf war wie leer. Ich starrte ins Leere mit dem tiefen Gefühl der Dankbarkeit.
Was für ein wunderschönes Gefühl zu wissen. Gott ist in mir, Gott ist Liebe und Licht.
Wie lange habe ich Gott im Außen gesucht. Ich wurde streng katholisch erzogen, ich hatte immer schon das Gefühl, dass es nicht das ist was meiner Wahrheit entspricht. Als Kind musste ich jeden Sonntag zur Kirche gehen, wie kann Gott uns dazu zwingen, dachte ich oft. Meine Kinder habe ich alle taufen lassen, schon damals wurde mir gesagt, wenn du die Kinder nicht taufen lässt, kommen sie nicht in den Himmel. Menschen dürfen kein Paten werden, wenn sie nicht getauft werden. Wieso ist die Kirche so mit Reichtum beschmückt und anderswo hungern Kinder?
Das waren schon immer meine Fragen aber ich passte mich wie viele andere auch der Mehrheit an. Ich soll nicht hassen, sagt Gott. Ich habe noch nie jemanden gehasst, ich war oft wütend, ja das war

ich. Oft habe ich diese Wut geschluckt, sie kam irgendwann vor Jahren wieder raus, als Depression. Im Grunde habe ich mich nur selbst bestraft damit. Ich habe nie auf meine eigene Wahrheit gehört, habe viel Wert auf die Meinung anderer gelegt, obwohl es sich für mich nicht immer richtig angefühlt hat. Aber das alles war meine Entscheidung. Ich kann niemanden die Schuld dafür geben, früher tat ich das aber ich habe allen Menschen vergeben, von denen ich verletzt wurde. Das heißt nicht das ich noch zu allen Kontakt habe, das muss ich auch nicht aber ich hab ihnen vergeben, um meinen eigenen Frieden zu finden. Es ist Vergangenheit, warum sollte ich noch darin herumkramen, es ist vorbei. Ich kann heute in meine Vergangenheit zurückschauen und sagen, dies ist meine Geschichte gewesen. Ein Kapitel, das mich dahin gebracht hat wo ich heute bin. Das Leben ist für mich der beste Lehrer.
Ich lebe jetzt, heute an diesen Tag in diesem Moment, ich habe mir immer Sorgen, um meine Zukunft gemacht aber auch das habe ich abgelegt. Wenn wir uns Sorgen um die Zukunft machen, machen wir uns oft auch krank damit. Ich lebe jetzt und ich habe vertrauen, vertrauen in mich und in mein Leben. Es ist was es ist, sagt die Liebe.

Gespräch mit Gott

Was ist noch wichtig, Gott? Was ist wichtig für mich und für die Menschen, die dieses Buch lesen? Bist du da Gott?

„Ich bin da, Bettina. Wie ich dir schon sagte ich bin immer da, ich bin überall in jeder Pflanze, in jedem Tier, in jedem Menschen.
Zu deiner Frage, Bettina. Was noch wichtig ist, du bist wichtig, du bist die wichtigste Person in deinem Leben. Es ist nicht egoistisch, wenn du so denkst."
(Tatsächlich dachte ich kurz daran, während ich aufschrieb was Gott mir sagte).

„Gott, warum gibt es so viel Elend auf der Welt? Kannst du mir das sagen? Viele Menschen verspotten dich und sagen du bist Schuld daran oder zweifeln dich an und sagen es gibt dich nicht, sonst würdest du das nicht zulassen."

Es gibt sehr viel Elend, da hast du recht. Elend sieht für jeden Menschen anders aus, Was ist Elend? Es ist für jeden Menschen anders. Was ist Elend für

dich, Bettina? Ich dachte darüber nach und dann sagte ich:" Naja Kinder, die hungern, Kriege, Menschen, die flüchten, unschuldige Menschen werden erschossen, gequält und gefoltert. Es gibt so viel was Elend für mich ist."
„Fällt dir was auf, Bettina?"

„Nein, nicht wirklich. Was genau meinst du, was soll mir auffallen?"
Du bist Liebe, du bist Licht aber du bist auch Dunkelheit und das ist auch gut so, nur in der Dunkelheit kann das Licht gesehen werden. Einige Menschen verspotten mich, das **weiß** ich aber ich nehme es ihnen nicht böse, ihr alle seid auf dieser Erde um zu wachsen, um zu lernen. Ja, es gibt Elend aber daran bin ich nicht schuld, Schuld gibt es gar nicht. Dieses Wort sollte jeder Mensch aus seinem Kopf streichen, es ist das was ihr sehen wollt.

„Das verstehe ich nicht, Gott. Wie meinst du das, es ist das was wir sehen wollen?"

„Verstehe, Bettina, die eine Menschheit hat so viel zu essen und die andere so wenig. Hast du dich nie gefragt warum das so ist? Hast du dich nie gefragt

warum Menschen reich sind und andere arm?
Warum Menschen krank sind und andere gesund?"

**"Doch, das habe ich und ich gönne jedem sein
Essen und sein Geld und auch seinen Luxus
aber es ist so ungerecht verteilt auf der Welt.
Es ist so traurig, dass Menschen verhungern
und woanders massenhaft Essen weggeworfen
wird."**

"Und du glaubst, dass ich das alles so gemacht
habe? Dass ich das so geplant habe? Glaubst du
nicht auch, dass ich traurig bin, wenn ich euch
leiden sehe?"

**"Doch Gott, ich glaube dir das und ich weiß,
du hast es bestimmt nicht so geplant. Warum
solltest du sowas tun? Es sind die Menschen
nicht wahr? Wir Menschen sind es selbst die
das erschaffen haben oder?"**

"So ist es Bettina, die Nachrichten berichten immer
von all dem Elend in der Welt. Millionen von
Menschen schauen sich dies täglich an, die ganze
Energie geht dann auf dieses Elend und dann
beschuldigen sie sich gegenseitig. Hass und Wut

kommt hoch und negative Energie schwingt und schwingt, sie wird weitergetragen. Und oft ist dann die negative Energie hoch, sehr hoch und es entstehen Unwetter. Selbst das Wetter wird manipuliert, die Luft wird vergiftet der Boden verseucht, Massentierhaltung Tiere schreien, sie schreien um Hilfe aber Bettina ich frage dich nochmal: Glaubst du das ich das bin? Ist es nicht einfach jemanden die Verantwortung abzugeben und einen zu suchen der das so geplant hat?"

„Ja, da hast du recht, Gott. Ich schaue schon lange keine Nachrichten mehr, teilweise bekomme ich gar nicht mit was in der Welt passiert ist, außer es erzählt mir jemand. Nein, Gott, du hast es bestimmt nicht so gewollt. Es sind die Menschen, es ist wie ein Programm, das läuft aber sie merken es nicht und dann sind sie mit einem Virus infiziert und dann sagen sie, es gibt keinen Gott wenn es einen geben würde so hätte er nicht zugelassen das ich krank werde. Dabei hat doch jeder selbst die Verantwortung für sein Leben, dabei haben sie es doch selbst in die Welt gerufen. Wie kann man oder ich den Menschen das am besten vermitteln?"

„Liebe ist die Freiheit, niemals hört Hass durch Hass auf, Hass hört nur durch Liebe auf.
Du sollst nicht hassen. Du schaust sehr viel nach den guten Menschen, den Menschen, die ein reines Herz haben. Die aber die unrechtes tun, mit denen möchtest du nichts zu tun haben, verstehe aber die, die Unrecht tun sind die, die Hilfe brauchen. Wenn du deine Liebe und dein Licht in die Welt tragen möchtest, wenn du die Menschen wieder in ihre Liebe zurückbringen möchtest, dann sind es die Menschen, die die Liebe am meisten brauchen und deshalb ist es so wichtig ihnen zu vergeben. Wenn du ihnen vergibst, geht deine Liebesenergie zu ihnen und so kannst du ihnen helfen. Du brauchst dafür nicht zu ihnen zugehen und ihnen das zu sagen, du kannst dich alleine zuhause hinsetzen, eine Kerze für sie anmachen und sagen ich vergebe dir und ich liebe dich. Wenn das alle Menschen tun würden, dann wäre wieder Frieden auf der Welt.“

„Oh ja, das verstehe ich. Ich möchte was verändern, ich möchte Frieden auf der Welt, ich verstehe der Frieden fängt in mir an oder?“

„So ist es und so war es schon immer. Verstehe ich Liebe alle Menschen auch die, die Unrechtes tun, ich bin in allen Menschen, viele haben es vergessen. Verstehst du, Kinder werden immer rein geboren, sie haben nichts Böses vor, sie wachsen heran und werden stark beeinflusst von negativen Dingen. Sie bekommen falsche Informationen, sie werden in Gewalt herangezogen und lernen so ins Leben zu gehen. Ihre Vorbilder können es nicht anders weitergeben, denn auch sie sind so erzogen worden. Das ist der Kreislauf des Lebens. Irgendwann spüren sie das es so nicht richtig ist aber viele wollen es nicht zugeben, viele werden dadurch krank und einige beenden ihr Leben."

"Ja, ich verstehe. Stimmt es was man so oft hört, dass jeder eine Lebensaufgabe hat und deshalb hier auf der Erde ist?"

"Ja, so ist es Bettina. Jeder wollte auf diese Erde, jeder wusste bereits vor der Geburt mit welcher Lebensaufgabe er zur Erde geht. Nach dieser Aufgabe wurden auch die Eltern ausgesucht, die Einzelheiten waren vorher nicht klar, die im Leben passieren aber der Kreis stand bereits fest."

„Welchen Kreis meinst du?"

„Ich meine, den Kreis um die Familie. Sieh es wie einen runden Spiegel an. Den Spiegel kannst du anfassen, du hast ihn aber wenn du rein schaust hast du immer ein anderes Bild, du kannst deine Gesichtszüge verändern, du kannst traurig, lachend, weinend und niedergeschlagen in den Spiegel schauen, nur du kannst es ändern aber der Spiegel bleibt. Und so kann der Mensch aus allem sein Leben meistern, es liegt immer an dir selbst wie du in den Spiegel schaust.

Selbst wenn du den Spiegel zerstörst, wenn du dich trennst von deiner Familie, so bist du trotzdem immer mit ihnen verbunden. Alle Menschen sind miteinander verbunden, alle atmen dieselbe Luft ein und aus."

„Ich weiß was du damit sagen möchtest, weißt du Gott ich hatte selbst den Glauben eine Zeit an dich verloren, das tut mir sehr leid aber ich bin auch sehr glücklich das hier erleben zu dürfen.

Es macht wirklich Sinn für mich alles was du mir sagst, nur es gibt Dinge, die ich einfach nicht verstehen kann. Ich meine, es kann doch nicht sein das zum Beispiel eine Seele damit

einverstanden ist auf die Erde zu kommen um dann zum Beispiel geschlagen und vergewaltigt wird oder was ist mit Babys, die so hilflos sind, wie kann es sein das sie es sich so ausgesucht haben im Krieg geboren zu werden, zu hungern, zu flüchten, geschlagen oder gar ermordet zu werden. Das kann ich nicht verstehen.

Ich kann das so auch nicht stehen lassen und das ist auch so eine Sache wonach viele Menschen fragen und die deshalb auch nicht an Gott glauben, bitte erkläre mir das damit ich es verstehe und damit ich es auch weitergeben kann und sag mir bitte auch, ob ich was dagegen tun kann."

(Nachdem ich diese Frage an Gott stellte, kam in mir eine ungeheuerliche Wut auf, ich kann nicht sagen worauf oder auf wen ich so wütend war, aber ich war wütend. Ich zweifelte ob ich hier wirklich mit Gott rede. Ich sagte ok heute will ich die Antwort gar nicht hören, ich bin einfach nur wütend) 3 Tage später fing ich das Schreiben wieder an, irgendwie war mir unwohl dabei die Antwort zu hören aber ich lauschte auf die Worte Gottes.

„Also Gott, ich habe mich wieder beruhigt. Ich bin wieder bereit weiter zu schreiben."

„Das freut mich sehr, Bettina. Ich spürte deine Wut, verstehst du was diese Wut, dieses Gefühl dir sagen wollte?"

„Naja, ich denke es hat etwas in mir ausgelöst. Eine Wut, die ich selbst noch nicht verarbeitet habe in meinem Leben und deshalb bin ich jetzt auch bereit weiter zu schreiben und deinen Worten zu lauschen, ich möchte alles verarbeiten in mir."

„Schön Bettina. Dies ist auch sehr wichtig, denn diese unverarbeitete Wut blockiert dich sonst. Teilweise hat sie dich schon blockiert, du spürst es selbst an deinen körperlichen Anzeichen.

Nun zu deiner Frage: Hier ist die Antwort. Ja, jede Seele ist bewusst auf diese Erde gekommen, auch die, die Leid als Baby erfahren haben. Ich weiß, du kannst dir das nicht vorstellen aber verstehe, die Seele will wachsen und alles was sie nie verarbeitet hat nimmt sie mit ins nächste Leben und das möchten viele Seelen nicht. Deshalb werden sie bewusst geboren, um durch das Leid zu gehen. Ich liebe euch alle wirklich alle und niemals würde ich euch böses zufügen."

„Puh, das hört sich schlimm für mich an, schwer zu verstehen das jemand freiwillig leidet aber ich nehme deine Antwort erst mal so hin, ich muss noch etwas darüber nachdenken.
Gibt es Dinge, die für mich noch wichtig sind, die ich wissen sollte?"

„Deine Mutter, Bettina. Du liebst sie, das weiß ich. Ihr beiden seit schon einmal zusammen gewesen in einem anderen Leben, du bist sehr weit schon gekommen, nur deine Mutter hat noch einen sehr langen Weg vor sich. Ich weiß, du gibst dir viel Mühe ihr zu helfen und sie glaubt dir auch jedes Wort,
nur klammert sie so sehr an dir (was nicht ungewöhnlich ist für eine Mutter). Sie denkt, du kannst sie heilen."

„Ja, das merke ich auch. Aber ich kann sie nicht heilen. Ich glaube, niemand kann sie heilen nur sie sich selbst. Ich glaube, sie liebt sich selbst nicht, sie kann sich nicht vorstellen, dass sie selbst diese Kräfte in sich hat. Ich weiß, sie sucht zu viel im Außen, so wie ich immer zu viel im Außen gesucht habe.

Was schlägst du vor, Gott? Wie kann ich es ihr vermitteln, dass sie anfängt sich selbst zu lieben?"

„Du gibst dir viel Mühe mit ihr, das weiß ich sehr zu schätzen. Ich weiß auch, dass du keine einfache Kindheit hattest aber du hast vieles vergeben, das ist sehr gut, Bettina.
Vergebung ist sehr gut. Bleib mit der Liebe immer bei ihr, so kannst du ihr helfen. Erzähle ihr weiter von deinem Leben, was du tust, wie du dich verändert hast und schicke ihr Liebe, dies hilft ihr und auch sie wird eines Tages aufwachen."
„Sie leidet, ja sie leidet. Du kannst ihr helfen, du hast die Kraft."

„Überhaupt sollst du jeden Menschen lieben, denn ihr seid alle verbunden. Ihr seid alle meine Kinder und somit alle Geschwister. Der Kreis ist geschlossen
und schau in den Spiegel und sag dir jeden Tag:"
Ich liebe mich, ich liebe mein Leben." Alles was dir begegnet will dir etwas sagen, du hast es angezogen, wenn auch unbewusst, es kommt immer darauf an wie du damit umgehst."

Gedanken

„Ich denke über seine Worte nach. Ist es wirklich alles so, wie er sagt? Einiges ist sehr schwer für mich zu verstehen. Ja, ich hatte eine schlechte Kindheit. Anscheinend habe ich es mir ja so ausgesucht bevor ich geboren wurde. Hmm, ich nehme es so an. Es ist ja auch vorbei und was soll ich noch darin herumwühlen, wenn ich mein Leben nicht so erlebt hätte, wäre ich wahrscheinlich auch nicht der Mensch, der ich heute bin.
Ich habe viele Lektionen bekommen, in meinem Leben. Ich bereue nichts was ich erlebt habe, ich habe vergeben."

Wenn jeder Mensch wieder geboren wird und seine unverarbeiteten Dinge mitnimmt ins nächste Leben, nein das möchte ich nicht, das wünsche ich auch niemanden.
Ich möchte Menschen helfen, dass sie alles verarbeiten.
Es gibt viel Schlechtes auf der Erde, es wird vieles manipuliert, es wird gelogen und betrogen und wenn ich mir jetzt vorstelle, dass diese Menschen die Unrecht tun so bleiben und genauso ins nächste Leben gehen, dann macht mich das ein

wenig traurig.
Ich denke deshalb sollten wir wirklich allen
Menschen vergeben, auch die, die viel unrecht tun.
Wir müssen dafür nicht zu ihnen gehen aber jedes
Mal, wenn wir etwas negatives hören sollten wir
vergeben, vergeben ist wunderschön und was ich
dadurch in mir heile, heile ich auch in dem
anderen.

Ich denke, so kann man die Welt viel schöner
gestalten und den Menschen helfen in Liebe zu
kommen.

Alles besteht aus Energie, positive oder negative
Energie, wenn wir positives ausstrahlen, ziehen wir
auch positives an. Umgekehrt ist es mit negativer
Energie eigentlich doch ganz einfach oder was
meinst du?

Meine 10 Regeln die mein Leben schöner machen, die mich in meine Fülle bringen

1. Bleib wie du bist. So wie du bist, bist du wertvoll, wertvoll für dich und auch für andere. Ändere dich für nichts und niemanden. Hör nur auf dein Herz, es kennt den wahren Weg, den Weg der Liebe.

2.Geh immer nur einen Schritt nach dem anderen, renne nicht, sei nicht in Eile, schau nach links und nach rechts aber schau nicht nach hinten, was hinter dir liegt ist vergangen. Es zählt nur das jetzt und das in langsamen kleinen Schritten, sei ohne Hast und bleibe im Herzen auf deinem Weg.

3.Du bist wundervoll, du bist Liebe, du bist einzigartig. Kein anderer Mensch ist wie du, kein anderer Mensch wird jemals so sein wie du, sei dir dessen bewusst. Nur du hast dein Leben in der Hand und kannst es steuern, bleib in deiner Liebe, liebe dich selbst, so kannst du auch andere lieben

4.Jetzt ist der richtige Zeitpunkt, jetzt sei in deiner Liebe, jetzt atmest du und jetzt schlägt dein Herz. Suche nicht im Außen, bleib im Innen. Geh jeden Tag in die Stille und lausche deinem Atem, lausche deinem Körper. Du bist ein Wunder, du bist Liebe.

5.Bleib im Vertrauen zu dir selbst, sei im Vertrauen, das alles gut ist so wie es ist. Verurteile nichts und niemanden du weißt nicht warum es so ist und es ist auch nicht wichtig für dich zu wissen, alles was du im Außen siehst hast du angezogen. Es will dir was sagen aber frag nicht ständig danach warum die Dinge und die Menschen so sind. Jeder Mensch ist richtig so wie er ist in seiner Welt.

6.Liebe nicht nur dein Inneres, sondern auch deinen Körper. Gib ihm das Beste, er hat es verdient. Nimm gesunde, frische und saubere Nahrung zu dir, tue deinem Körper gutes, verwöhne ihn. Vergiss auch nicht deine Organe und deine Zellen, was für ein Wunderwerk nicht wahr? Dein Herz schlägt unanunterbrochen, du atmest ununterbrochen, jedes Organ funktioniert, jede Zelle. Sie alle haben nur das Beste verdient. Danke deinem Körper für seine Arbeit und Liebe ihn dafür. Er ist dein Tempel, das einzige zuhause was du hier auf Erden hast.

7. Sei dankbar für alles was du hast, sei dankbar für die Menschen, die dich lieben. Für dein Essen und Trinken, für dein Dach über den Kopf, für deine Arbeit, für deine Gesundheit, sei dankbar für alles, wirklich alles.

8. Vergib denen, die dich verletzt haben. Sie wussten es nicht besser. Gib dein Wissen stets weiter an denen, die es annehmen und hören möchten, hilf den Menschen in ihre Liebe zurück zukommen, wenn sie dazu bereit sind aber versuche ihnen nicht dein Denken aufzuzwingen, jeder Mensch ist für sein Leben selbst verantwortlich.

9. *Schau dir deine Ängste an, schau dir deine Gefühle an, die diese Ängste auslösen. Schiebe sie nicht weg, sondern nimm sie an. Sie gehören zu dir und wollen dir etwa sagen, du kannst es nur verstehen, wenn du der Angst zuhörst und sie fühlst und zulässt.*

10. *Gott ist in dir und Gott ist Liebe. Dein Körper ist das Kreuz an dem Jesus gestorben ist aber er ist auch wieder auferstanden, sei dir gewiss du bist nie allein, denn Gott ist immer bei dir. Verstehe alles ist richtig so wie es jetzt ist.*

Meine Wahrheit und Erkenntnis

Ich bin der festen Überzeugung das jeder Mensch sich selbst heilen und erkennen kann, jeder hat die Kraft in sich, sich selbst zu erkennen, alles was wir tun müssen ist in die Stille zu gehen und unserem höheren Selbst entgegen zu treten, wichtig ist auch, dass wir dafür ins Vertrauen gehen.
Das höhere Selbst ist unsere Seele und sie wartet nur darauf das wir ihr zuhören.

Wie sieht es mit deiner Selbstliebe aus? Ich meine, liebst du dich wirklich von ganzem Herzen selbst? Eine wundervolle, hilfreiche Übung für mich war und ist es immer noch. Jeden Morgen stelle ich mich vor dem Spiegel und sage zu mir selbst:" Guten Morgen, Bettina. Heute ist ein wundervoller Tag, wo ich bin ist Frieden und Liebe, jetzt und immer. Ich liebe dich." Dann umarme ich mich selbst und lächle mich selbst an.

Ich bin überzeugt, dass wir alle auf diese Erde gekommen sind, um uns weiterzuentwickeln, unsere Seele möchte wachsen, sie möchte sich entfalten können, leben was sie wirklich ist.

Glaubt mir, mein Leben war bestimmt nicht immer rosig, nein überhaupt nicht. Dennoch habe ich nie den Glauben an mich selbst verloren, ich ging immer weiter und geprägt hat uns wohl am meisten unsere Kindheit. Wie viel negative Glaubenssätze sind in uns gespeichert worden, unbewusst sind sie dort verankert.

Es nutzt aber nichts auf die Kindheit zu schimpfen und die Schuld bei anderen zu suchen. Das Wort Schuld sollten wir so oder so aus unserem Wortlaut streichen.

Die Vergangenheit ist vergangen, sie kehrt auch nie wieder. Also was schimpfen wir noch auf unsere Eltern, Lehrern u.s.w.. Es bringt uns kein Stück weiter, wir senden damit nur negative Energie aus und kommen aus unserer Mitte.

Ich bin mir sicher, es ist sehr hilfreich allen Menschen die uns auf irgendeine Weise verletzt haben zu vergeben. Wir müssen dafür nicht zu ihnen gehen und es ihnen persönlich sagen, auch heißt es nicht das wir wieder Kontakt zu ihnen aufnehmen müssen.

Wir gehen in die Stille, denken an diese Person und

sagen: „Ich vergib dir, ich bitte dich um Vergebung für mich (damit meine ich mir selbst zu vergeben, dass ich solange in z.B. Wut auf diese Person war, damit habe ich mir nur selbst weh getan.)
Es tut mir leid, danke (Danke, dass ich es jetzt erkennen und loslassen kann). Ich liebe dich, ich liebe mich."

Vergiss nicht wir sind alle göttliche Wesen und haben uns freiwillig dazu entschlossen hier auf diese Erde zu inkarnieren.

Jedes Mal, wenn ich in schwierige Situationen komme (was sehr selten geworden ist) spreche ich dieses Vergebungsritual und es hilft mir immer. Manchmal schon bevor ich den Telefonhörer abnehme sage ich es in Gedanken vor mir her und es wird ein sehr schönes entspanntes Gespräch.

Wenn du allen Menschen vergibst kommst du immer mehr in deine Selbstliebe. Schritt für Schritt wirst du spüren wie dir dein Leben besser gelingt und du viel zufriedener wirst.

Und da wir alle aus Energie bestehen, senden wir diese Schwingungen der positiven Energie aus und sie ist auch für andere spürbar.

Ist es nicht wundervoll zu wissen wie du dich selbst heilen kannst und wie du gleichzeitig so viel in der Welt heilen kannst.

<u>Übung verbinde dich mit deinem höheren Selbst</u>

Eine wunderschöne für mich auch sehr hilfreiche Methode, wenn ich mir unsicher bei etwas bin, ist die Verbindung mit meinem höheren Selbst.
Dazu möchte ich dir sagen, dass unser höheres Selbst uns immer hört und nur regelrecht darauf wartet, das wir ihm zuhören. Wichtig ist auch das du im absoluten Vertrauen bist und ihm glaubst.

Stelle dich mit durchgestreckten Beinen hin, die Arme locker neben deinem Körper. Nimm einen bewussten Atemzug durch den Bauch. Bitte jetzt in Gedanken das dein höheres Selbst sich mit dir verbindet. Zunächst musst du für dich raus finden was ein Ja und was ein Nein für ist. Also wenn du dich verbunden hast, stelle dir in Gedanken die Frage ist mein Name .... (sag in Gedanken deinen Namen).
Warte und achte auf deinen Körper was passiert. Wenn dein Körper jetzt leicht nach vorne geht. Ist nach vorne für dich ein Ja. Sollte dein Körper nach hinten gegangen sein, ist nach hinten für dich ein Ja.
Frage als nächstes in Gedanken ist mein Name....

sage jetzt einen falschen Namen.
Geht dein Körper nach hinten, ist nach hinten ein
Nein, geht er nach vorne ist das dein Nein.

Du weißt jetzt wie dein Körper dir ein Nein oder ein
Ja sagt.

Wenn du nun vor einer Situation stehst und nicht
weißt, ob sie gut für dich ist, dann verbinde dich
mit deinem höheren Selbst und frag es. Es sagt dir
immer die richtige Antwort, wichtig ist dir selbst
dabei zu vertrauen. Du kannst es immer und
überall anwenden, vielleicht nicht gerade beim
Autofahren.

Ich persönlich wende es oft beim Einkaufen an,
wenn ich mir unsicher bin, ob etwas gut für mich
ist. Ich nehme z.B. die Äpfel in die Hand und
verbinde mich und frage nach, die Antwort
bekomme ich immer sehr schnell.

Im Grunde wissen wir schon immer die Antwort,
nur die meisten Menschen haben verlernt auf ihren
so genannten Instinkt oder auf das Herz zu hören.
Stehst du zum Beispiel vor einer Situation. Nehmen

wir an du bewirbst dich bei einer neuen Stelle, du wirst eingeladen und mit den ersten Worten hast du ein komisches Gefühl, ein Gefühl das sich nicht gut anfühlt, doch dann wird dir viel Geld geboten und du denkst naja gut, dass mache ich doch. Du nimmst die Stelle an und merkst kurze Zeit später, dass dir die Arbeit überhaupt keinen Spaß macht. Was war passiert?

Nun dein Instinkt, dein Herz wie immer du es nennen magst hat dir sofort ein Gefühl geschickt, um dir zu sagen das es nicht gut ist aber dann hat sich der Kopf eingeschaltet und du hast dich überrumpeln lassen.

Oft sagen wir dann auch, ich habe es doch gewusst, hätte ich doch bloß auf mein Gefühl gehört.

Wir können das trainieren und wieder erlernen. Schau dir mal kleine Kinder an, sie sind noch so reine Seelen, sie freuen sich über alles, sie haben noch bedingungslose Liebe und verurteilen nicht. Sie streiten sich und dann vertragen sie sich wieder.

Sie haben keine Vorurteile es ist ihnen egal, welche Hautfarbe ein anderes Kind hat, für sie ist es ein Kind wie jedes andere auch. So waren wir alle mal wir haben es nur vergessen aber wir können wieder dort hingelangen, nur müssen wir dafür auch was tun. Wir haben einfach verlernt selbst die Verantwortung für unser Leben zu tragen, es wurde uns so vorgelebt und wir haben es geglaubt und in unserem Unterbewusstsein verankert.

Wie viele Menschen gehen ständig zu Ärzten und geben ihre Verantwortung damit ab, der Arzt wird mich heilen aber stimmt das wirklich? Und wenn es uns nicht besser geht, sagen wir der taugt nichts. Der einzige Mensch der dich heilen kann bist du selbst und niemand anderes, ein Arzt kann deine Symptome beseitigen aber die wahre Ursache kannst nur du selbst heilen. Wenn du zum Beispiel Schmerzen hast, dann setze dich mal bewusst hin und nehme diesen Schmerz wahr, rede mit ihm, sage ihm:" Ich nehme dich wahr, was willst du mir sagen? Hast du dir vielleicht heute wieder den Kopf zerbrochen über so viele Dinge, und hast deshalb Kopfschmerzen?" Ich glaube, wenn wir nicht auf unsere Seele hören, dann macht sich irgendwann unser Körper bemerkbar. Viele Menschen gehen auch viel zu schnell zum Arzt ohne mal zu hinterfragen. Haben sie zum Beispiel Durchfall wollen sie am besten sofort das er vorbei ist und schnell Tabletten nehmen, wusstest du aber das unser Körper sich nur entgiftet, wenn wir Durchfall *haben, ist doch gut, wenn er das macht, warum sollten wir das unterdrücken?*

Natürlich kannst du auf Natur sehr viel machen und dich schonen, wenn du krank bist.

Ich persönlich glaube nicht an Krankheiten und schon gar nicht glaube ich daran, wenn jemand sagt es ist unheilbar. Für mich ist alles heilbar, oft werden die Menschen krank, weil sie nur die Diagnose hören. Sie glauben zu viel was ihnen gesagt wird und haben das Vertrauen in sich selbst verloren.

Ich persönlich nehme schon lange keine Tabletten mehr zum einen, weil ich meinen Körper diese Chemie nicht antun möchte und zum anderen, weil ich dadurch nur die Symptome unterdrücken würde. Wenn ich Schmerzen habe, was sehr selten geworden ist, dann setze ich mich hin und rede mit dem Körperteil, das mag zwar für manche lächerlich sein aber ich bin davon überzeugt, habe ich zum Beispiel Kopfschmerzen dann streichel ich über meinen Kopf und sage:" Es tut mir leid, ich liebe dich mein Kopf. Danke, dass du mich aufmerksam machst das ich zum Beispiel eine Pause brauche oder zu wenig getrunken habe."

Manche Menschen ziehen aber auch mit ihren negativen Gedanken die Schmerzen an zum Beispiel sagen sie:" Ich habe Migräne, da kann man nichts machen. Es ist nicht heilbar, was passiert nun?" Dein Unterbewusstsein hört immer mit und speichert alles, alles was wir denken und aussprechen manifestiert sich.

Jammern bringt uns kein Stück weiter. Im Gegenteil, wir fließen in Selbstmitleid und rufen es uns ins Leben. Eine weitere Möglichkeit warum wir krank werden ist unsere Ernährung, frag dich wie ernährst du dich. Isst du viel Fastfood, isst du viel tierische Produkte (da ich weiß, dass alles aus Energie besteht, bin ich mir auch sicher, dass wir die Energie des toten Tieres in unseren Körper aufnehmen, wenn wir es essen. Das Tier wurde umgebracht, was hatte es wohl da für eine Energie?) In meiner Wahrheit Todesängste.
Ich bin auch davon überzeugt, dass nichts absolut nichts gesund daran ist Fleisch zu essen, wie kann es gesund sein etwas Totes zu essen?
Und es macht es auch nicht besser, wenn wir Biofleisch essen, das Tier hat genau so gelitten. Ich bin aus Überzeugung Veganerin, schon viel mehr Rohkostler und ich spürte schon sehr schnell nach

meiner Nahrungsumstellung wie gut es mir tut.
Heutzutage sollte man wirklich sehr genau
hinschauen was man isst und trinkt und sich auch
mal damit befassen was alles für Zusatzstoffe in
der Nahrung sind.
Du könntest jetzt sagen ok, für Milch muss aber
kein Tier sterben.
Ja, genauso habe ich auch mal gedacht nur
wusstest du das kurz nachdem die Kuh gekalbt hat
ihr das Kalb weggenommen wird, damit die
Menschen die Milch bekommen und nicht das
Kalb? Ich finde es persönlich sehr traurig, denn für
mich haben auch Tiere eine Seele und der einzige
der diese Milch wirklich braucht ist meiner
Meinung nach das Kalb.
Es gibt reichlich Ersatz für Milch, man kann sie
auch selbst machen was immer noch das Beste ist
und sie schmeckt sehr lecker.

Menschen schimpfen über die Qual der Tiere und
der Massenzuchthaltung, dabei denken sie nicht
daran, dass sie selbst daran mitwirken.
Veränderung fängt bei jedem selbst an. 100.000
Menschen sagen was kann einer schon bewirken.

Falls dich das Thema interessiert kann ich dir den

Film empfehlen: „Hoffnung für alle „!
Du kannst ihn dir bei YouTube anschauen.

Esse und trinke bewusst, vergiss nicht du bist
selbst für dich verantwortlich und nur du kannst
dich heilen. Wenn wir uns schlecht ernähren, dann
müssen wir uns nicht wundern, wenn es uns
schlecht geht. Wir sind doch keine Mülleimer.
Wir sind göttlich und einzigartig, wir haben nur
das Beste vom Besten verdient und Körper, Seele
und Geist gehören zusammen. Und alle drei wollen
geliebt und respektiert werden.

Ich selbst wusste es ja früher auch nicht besser,
habe in kleinen Schritten angefangen und erstmal
auf Fleisch und Wurst verzichtet. Erst drei Jahre
später wurde ich vegan und dann mehr Rohkostler.
Solltest du deine Ernährung umstellen wollen, so
rate ich dir dies in kleine Schritte zu tun, damit
dein Körper damit fertig wird, schließlich hat er
sich ja auch daran gewöhnt. Und du musst auf
nichts verzichten, wie es oft gesagt wird, nein es ist
nur eine Umstellung. Es gibt leckere Rezepte und
es ist auch nicht teurer.
Du solltest auch bedenken, dass du erst mal deinen
Körper entgiftest, wenn du mit der

Nahrungsumstellung beginnst. Wir haben massenweise Kot im Darm und in den Darmzotten bleibt viel hängen. Es nutzt nichts, wenn wir das gesunde zu uns nehmen und auf den Alten drauf schmeißen.

Entgifte deinen Darm und anschließend deine Leber am besten alles auf Naturbasis und ohne Chemie.
Aber bei allem bedenke, hör auf dein Herz tue es nur für dich und nicht für andere.

Nun habe ich viel über die Ernährung geredet und was wir in unseren Körper tun. Wichtig ist aber auch noch zu wissen was wir auf unseren Körper tun, auf die Haut.

Wenn sich jeder mal die Tuben, Packungen genau durchlesen würde, würden viele erschrecken, wenn sie sehen würden was drin ist. Und alles was wir auf unsere Haut tun, geht auch in unseren Körper.
Ich persönlich mache mir mein Waschpulver, Spülmittel, Putzmittel auch selbst. Ich tue es der Umwelt zur liebe und mir selbst zur liebe. Und ich spare viel Geld dadurch.
Ich liebe es auch mich um meine Pflanzen zu

kümmern. Pflanzen sind wundervoll und geben uns
so viel Energie.

Ich säe selbst und mache immer wieder Versuche,
so habe ich im Sommer viele Kerne ausgesät aus
Obst und Gemüse, es ist so wundervoll mit
anzusehen wie aus einem winzigen Samen oder
Kern etwas entsteht.

In diesem Jahr hat sich so viel verändert, ich bin so
dankbar dafür. Ich setze mir Ziele und lasse die
Wünsche dann los.

Ich denke, es ist sehr wichtig das wir unsere
wirklichen Wünsche aufschreiben. Schon da haben
viele Menschen Probleme mit, wenn sie gefragt
werden was möchtest du erreichen ?

Hier eine sehr hilfreiche Übung für dich.

Setze dich hin, sorge für Ruhe, nimm Papier und Stift und verbinde dich mit deinem höheren Selbst, so wie ich es dir schon beschrieben habe.
 Bitte dein höheres Selbst darum dich zu unterstützen. Dann frage dich was für Wünsche hast du wirklich.

Schreib deinen Wunsch auf, schreib ihn so auf, als wäre er bereits da zum Beispiel: Ich habe einen neuen Job, der mich so glücklich macht, in dem ich mich immer weiterentwickeln kann.
Nachdem du es aufgeschrieben hast, lese es nochmal durch und versuche in das Gefühl zu gehen, als hättest du es bereits.
Freue dich darüber, fühlen ist dabei sehr wichtig.
Dann bedankst du dich für diesen wunderschönen Job. Lege nun das Papier gefaltet zur Seite in beispielsweise eine Schachtel und denke nicht mehr darüber nach, sondern bleib im Vertrauen.

Eine weitere Übung, die auch sehr gut ist: Setze dich hin, sorge für Ruhe, schließe die Augen, atme mehrmals ein und aus und stelle dir vor wie du zum Beispiel bei deinem besten Freund oder deiner *besten Freundin sitzt und erzähle ihr, dass was du dir wünschst aber so als ob du es schon hättest. Bleiben wir bei dem Beispiel mit dem Job. Erzähle voller Begeisterung: Stell dir vor ich habe den Job bekommen und er ist so wundervoll, so toll. Ich bin so dankbar, fühle dich rein mit totaler Begeisterung, benutze deinen Wortlaut.*

Du kannst es laut oder leise machen.

Stelle dir dann vor, dass du noch zu zwei weiteren Personen gehst oder mit ihnen telefonierst und ihnen davon erzählst. Lass deinen Gefühlen freien Lauf und deinen Worten, bleib aber immer in der Gegenwart so als wenn es wirklich ist.

Stell dir auch vor was die anderen zu dir sagen, wie sie sich mit dir freuen. Und dann bedanke dich, bedanke dich bei dir selbst und beim Universum für dieses Geschenk. Bleib nun stets im Vertrauen, denk daran unser Unterbewusstsein hört immer mit, geh nicht in Zweifel wie zum Beispiel: Naja klappt wohl doch nicht, lass es los, es wird sich wie von Zauberhand ergeben.

Achte immer auf deine Worte, denn sie werden wahr. Wenn zum Beispiel jemand fragt und hast du schon was gehört von dem Job dann sag zum Beispiel: Ich habe den Job bereits, da bin ich mir sicher.

Geh mit deinen Worten und auch mit den
Gedanken nicht ins Negative.
 Denk daran, wenn du negatives aussendest kommt
auch negatives zurück. Hab Geduld und sei
achtsam alles was wir erleben will uns etwas sagen,
es gibt keine Zufälle, es fällt uns nur etwas zu,
wichtig ist es im richtigen Moment zu ergreifen.

Mein Glaube und meine Wahrheit

Nichts gehört uns, wirklich nichts. Wir können
nichts mitnehmen, es ist alles nur geliehen.
Wir alle sind miteinander verbunden, alles was wir
zu anderen Menschen sagen oder was wir von
anderen hören ist Energie, die ausgesandt und
empfangen wird. Deshalb sollten wir immer auf
unsere Gedanken achten und besonders auf unsere
Worte. Wenn wir Menschen begegnen, die in Wut
sind, dann ist das ihre verschluckte Traurigkeit.
Traurigkeit, die nicht gefühlt werden konnte oder
durfte verwandelt sich irgendwann in Wut. Im
Grunde sind diese Menschen verletzte Kinder,
wenn wir sie verurteilen, dann helfen wir
niemanden damit, wir sollten vergeben, wenn auch
nur innerlich für uns alleine, nur so kann sich die
Wut, der Hass auslösen. Denk an einen Menschen,

der auf alles wütend reagiert und alles verurteilt, von dem du öfters hörst. Der oder der ist schuld. Glaubst du das dieser Mensch wirklich glücklich ist? In meiner Wahrheit eindeutig „NEIN", es handelt sich um ein verletzten Menschen, der nicht versteht, dass alles was ihm im Außen begegnet nur ein Spiegel seines Selbst ist. Wenn er verstehen würde, dass alles was er verurteilt mit ihm selbst zu tun hat und er sich damit nur selbst verurteilt, dann würde er sich selbst helfen können. So ist es auch mit den Menschen, die Macht ausüben wollen, es geht um Kontrolle. Sie suchen im Außen die Kontrolle, sie wollen über alles Kontrolle haben, weil sie sonst das Gefühl haben die Kontrolle über ihr eigenes Leben zu verlieren. Alles was dir im Außen begegnet hat mit dir selbst zu tun, es will uns etwas zeigen. Hörst du vielleicht öfters von Flüchtlingen, dann frage dich wo in meinem Leben flüchte ich vor etwas, hörst du oft von Unwettern dann frag dich wo in meinem Leben innerlich ist, bei mir der Sturm. Kriege, wo führe ich Kriege? Alles was uns im Außen begegnet ist unser Spiegel des inneren. Wie wunderschön, wenn wir es erkennen und auflösen können. Laufe nicht vor deinen Gefühlen davon, sondern nehme sie an und spüre in sie rein auch wenn sie noch so weh tun.

Wenn wir vor unseren Gefühlen davonlaufen, laufen sie uns hinterher, da wäre dann wieder das Thema Flucht im eigenen leben. Wenn du deine Gefühle annimmst, sie spürst, dann wirst du bemerken, dass sie zwar weh tun aber sie dir nichts tun können und wenn du sie zulässt werden sie sich auflösen und nur dann werden sie gehen. Wenn du sie verdrängst werden sie immer wieder hochkommen und wenn du sie weiter verdrängst, dann entstehen irgendwann Krankheiten. Das kann uns niemand abnehmen, da müssen wir selbst durch und ganz egal wie du erzogen worden bist. Du darfst traurig sein und du darfst auch wütend sein genauso wie du auch glücklich sein darfst, vergib denen, die dir anderes gesagt haben. Sie wussten es nicht besser, sie sind auch nur verletzte Kinder. Und sei dankbar, wenn Gefühle hochkommen und du sie verarbeiten kannst. Es braucht Mut, Mut zu sich selbst an sich zu arbeiten, renne nicht Menschen hinterher und glaube sie können dich retten, nein das können sie nicht. Nur du selbst kannst das, es ist dein Leben, deine Ängste, deine Gefühle und wir sollten sie nicht auf andere übertragen. Es ist wunderbar, wenn wir Menschen kennen die uns zuhören und uns verstehen. Sie können uns auch eine Richtung geben, nur gehen müssen wir unseren Weg der Seele alleine. Wir Menschen kreuzigen uns selbst im Leben aber wir können auch selbst wieder auferstehen. Es ist nichts Verkehrtes daran sich Hilfe zu holen aber achte genau darauf welche Hilfe du dir holst. Viele Menschen nehmen in schmerzlichen Situationen Medikamente, doch was ist das? Es ist nur ein unterdrücken der Gefühle, also werden sie irgendwann wieder hochkommen. Kommst du zum Beispiel Jahre lang immer wieder in ähnlichen Situationen und du fragst dich wieso passiert mir das immer? Dann will deine Seele, dass du genau hinschaust, es ist ein Geschenk, ein Geschenk, das wir auspacken dürfen um es zu verarbeiten. Frag dich zum Beispiel was du immer wieder an deinen Partner verurteilst? Und dann schaue genau hin was da genau von dir gespiegelt ist, wenn du es erkennst, kannst du es auflösen. Übertrage nicht deine Ängste auf deine Kinder. Wenn wir zum Beispiel zu unseren Kindern sagen, pass auf mach das nicht, da kann was passieren, dann sind das nicht. Die Ängste der Kinder, sondern unsere eigenen Ängste die wir auf die Kinder projizieren. Genauso wie du Ängste von deinen Eltern projiziert bekommen hast. Es wird Zeit es wird wirklich Zeit das wir alle anfangen aufzuwachen um diese Welt zum Paradies zu machen. Wenn jeder Mensch an sich selbst arbeiten würde wie wunderschön, wenn keiner mehr den anderen verurteilen würde wie wunderschön könnten wir doch alle miteinander leben. Frag dich am Ende deines Lebens was möchtest du über dich selbst sagen können? Die meisten Menschen bereuen am Ende ihres Lebens das sie nie gelebt haben. Bei allem was du tust, denk auch daran das unsere Seele ewig lebt und wir vielleicht wiederkommen und was für eine Welt möchtest du dann vorfinden? Die Welt im Elend oder ein Paradies auf Erden? Denk an deine Kinder, an deine Enkel und Urenkel die du eines Tages hier lässt auf was für eine Erde sollen sie leben? Veränderung fängt bei jedem selbst an, also bitte ich dich vom ganzen Herzen fang an, mach mit damit wir irgendwann im Paradies leben. Stell dir einen Baum vor woraus ist er entstanden? Aus einen Samen richtig? Und woher kommt dieser Samen? Aus einen Baum und woher kommt dieser Baum? So geht es immer weiter alles ist miteinander verbunden, das ist der Kreislauf. Schütze die Bäume, die Pflanzen denn auch dort ist Gott. Gott ist in allen von uns in jedem Lebewesen, in jeder Pflanze, er ist überall. Alles was du dir antust, tust du auch ihm an. Schau dir Menschen an und sage dir ich sehe Gott in dir, wenn du das sagst wirst du Liebe spüren und die Energie überträgt sich auf den anderen. Wir alle sind aus einer Samenzelle, aus einer von Millionen entstanden, was für ein Wunder, was für ein Wunderwerk ist unser Körper. Alles geht automatisch, unsere Organe arbeiten rund um die Uhr. Wir denken nicht drüber nach, erst wenn Krankheiten entstehen schauen wir genauer auf unseren Körper. Ich glaube nicht an Krankheiten, es gibt tausende von gesagten Krankheiten doch was nutzt es dir, wenn du es weißt, du nimmst vielleicht Medikamente und damit unterdrückst du wieder Symptome, du gibst deine Verantwortung ab an einen Arzt und wenn er dir nicht hilft verurteilst du ihn. Ich bin fest davon überzeugt das jeder Mensch sich selbst heilen kann, wenn er erkennt. Die Verantwortung für dich hast nur du selbst und niemand anderes.

Wir Menschen sind so erzogen worden immer im außen zu suchen, dabei ist alles in uns was wir brauchen. Mach dein Hobby zum Beruf und du wirst nie mehr arbeiten, sondern folgst deinem Ruf. Fange an jetzt, verschiebe nichts, tue das was du schon immer tun wolltest, wer will findet Wege,

Wer nicht will findet Ausreden. Es reicht nicht ein Buch nur zu lesen, du musst es auch verstehen. Im Grunde brauchst du nicht mal ein Buch zu lesen auch nicht meins, weil alles was du brauchst hast du bereits in dir. Du musst es nur leben dich trauen. Was kann schon passieren? Wenn du etwas aus vollem Herzen tust, dann tust du es aus Liebe, denn du bist Liebe und was aus Liebe getan wird kann niemals schlecht sein. Und wenn dort Steine liegen auf deinem Weg, dann schau sie dir an. Sei dankbar und frage dich was soll es mir sagen. Denn auch aus Steinen die uns im Weg liegen können wir etwas Schönes bauen. Sag dir:" Oh hoppla, schon wieder ein Stein für mein Schloss", es ist alles eine Sichtweise. Wenn du dir selbst vertraust, dann können dir auch andere Menschen vertrauen, wenn du dich selbst liebst, dann können auch andere dich lieben. Kein Mensch ist besser oder schlechter als du es bist, wir alle sind göttliche Wesen und jeder von uns ist einzigartig, kein Mensch ist wie du und kein Mensch fühlt wie du, also geh deinen eigenen Weg egal was andere sagen denk daran es sind ihre Grenzen oder Verletzungen nicht deine. Folge immer deinem Herzen, denn Liebe kommt aus dem Herzen und dein Herz kennt den Weg.

Hilfreiche Methode - 2 Punkt Methode
(aus der Quantenheilung)

Wenn du dich entschlossen hast mit deinen Gefühlen zu arbeiten, du aber meinst sie sind so unerträglich schlimm für dich, dann ist hier eine Methode wie du sie reduzieren oder auch auflösen kannst.

Setze dich entspannt hin und denke kurz an dein Problem frag dich welches Gefühl es in dir auslöst, dann frag dich auf einer Skala von 0-10 wie schlimm ist es für dich. Nimm dann eine Hand, lege sie auf deinen Oberschenkel, sag gleichzeitig in Gedanken das Problem, dieses Gefühl löst es in mir auf und wie schlimm es für dich ist, dann legst du deine andere Hand auf deinen anderen Oberschenkel und sagst in Gedanken hier ist die Lösung.

Als nächstes konzentriere dich auf beide Hände gleichzeitig, du brauchst jetzt an nichts mehr zu denken, konzentriere dich nur auf beide Hände gleichzeitig, das kann etwas dauern, wenn es dir schwer fällt kannst du auch in Gedanken sagen:" Ich habe zwei Hände", wenn du dich auf beide Hände gleichzeitig konzentrierst kommt ein Gefühl auf, ein positives Gefühl. Es kann aber auch sein

das nur Stille aufkommt, dann konzentrierst du
dich nur noch auf dieses Gefühl oder diese Stille
irgendwann merkst du dann so jetzt ist genug.

 Denke jetzt nochmal an dein Problem und welches
negative Gefühl es war und frag dich wieder auf
einer Skala von 0-10 wie schlimm ist es noch?

Ist das nicht toll wie viel weniger es geworden ist
oder hat es sich sogar jetzt schon ganz aufgelöst?

Diese Methode kommt aus der Quantenheilung. Im
Grunde bin ich aber dafür das wir unsere Gefühle
erst mal annehmen und zulassen nur wenn es sehr
schlimm ist, ist es wirklich eine hilfreiche Methode.

 Du kannst es immer anwenden.

Worte für dich fühle dich rein

Deine Seele ist bereits vollkommen, sie wartet nur darauf das du ihr folgst. Du bist die Seele, du bist Licht und Liebe, du hast es nur vergessen.

Es geht nicht darum etwas zu lernen, es geht darum uns wieder zu erinnern wer wir wirklich sind.

Wenn mich heute jemand fragt: „Glaubst du an Gott?" Dann antworte ich Nein, ich weiß das es ihn gibt und er ist in jeden von uns, Gott ist bedingungslose Liebe. Er ist unser Vater. Liebe urteilt nicht, Liebe straft nicht, Liebe lässt uns so wie wir sind. Es gibt keinen strafenden Gott, wir Menschen strafen uns selbst.

Stell dich hin, breite deine Arme aus und erkenne: Du bist das Kreuz, wir kreuzigen uns selbst aber wir können auch wieder auferstehen.

Gott hat uns Jesus gesandt, um uns das zu zeigen. Jesus hat gelitten wie wir Menschen auch aber er ist auch wieder auferstanden, am Kreuz rief er: „Vater, warum hast du mich verlassen?" Auch er hat gezweifelt.

Gott mischt sich nicht in unser Leben ein, wir alle haben den freien Willen und die Verantwortung für unser Leben selbst. Gott gibt uns nur Zeichen.

Und wir können ihn **er-kennen** in uns selbst. Wir können ihn bitten und er hört uns immer, ob wir daran Glauben oder nicht.

Unser Körper ist der Tempel den Gott uns schenkte, wie wir damit umgehen bleibt uns selbst überlassen. Wir brauchen nicht in die Kirche zu gehen, um Gott nah zu sein, denn er ist in uns, er ist überall in jedem Tier und in jeder Pflanze.

Du hast den freien Willen, welchen Weg du gehst. Wie oft hörst du auf dein Herz? Tust was du wirklich willst? Wie oft bist du die Marionette die an Schnüren hängt und gesteuert wird von einem System das dir sagt: Das musst du tun!

Ich bin so dankbar, dass ich das durchschaut habe, jeden Tag mehr und mehr meinem Herzen folge und wenn 1000 Menschen sagen: Mach das nicht, so folge ich trotzdem meinem Herzen, denn es ist mein Leben. Mein Herz kennt den wahren Weg. Was hast du schon zu verlieren? NICHTS!

Du kannst nur dazu lernen, es gibt keine Fehler, es gibt nur **Er-fahr-ungen**, die wir machen. Wie lange wartest du schon? Wie viel verschiebst du? Und wie lange willst du es noch verschieben? Stell dir vor, heute ist der letzte Tag in deinem Leben,

was würdest du bedauern nie getan zu haben? Also
fang an, JETZT ist immer der richtige Zeitpunkt.
Du schaffst das und du darfst auch Nein sagen zu
anderen und damit Ja zu dir selbst.

Wir wurden alle **er-zogen**, man hat an uns
gezogen, jetzt aber können wir die Schnüre lösen,
durchtrennen. Wir wollen uns nicht abhängig
machen aber wir sind es schon unbewusst. Egal wie
alt du bist, es ist nie zu spät.

Glaubenssätze wurden uns schon als Kind
mitgegeben, sie liegen in unserem
Unterbewusstsein zum Beispiel Das kannst du
nicht, was sollen die Leute denken, dass macht
man nicht, du musst im Leben hart arbeiten um
etwas zu erreichen usw..
Was andere sagen hat mit ihnen zu tun aber das
Gefühl, das bei dir ankommt ist dein Gefühl, es
wurde hoch getrickert, oft ist es ein altes Gefühl.
Schau es dir an,
ein Beispiel: Du streitest dich mit einem Kollegen,
in dir kommt Wut hoch, du könntest jetzt sagen er
ist schuld, er hat mir meinen Tag versaut. Nur das
stimmt so nicht, denn es ist dein Gefühl nicht
Seins, also zieh dich zurück und schau dir deine

Wut an, nimm sie bewusst wahr. Ok Wut, ich fühle dich, du darfst hier sein oft ist Wut verschluckte Traurigkeit).

Frag dich kenne ich diese Wut aus irgendwelchen anderen Situationen, vielleicht schon aus der Kindheit? Und spüre wo macht sich die Wut an deinem Körper bemerkbar?

Oft sitzt sie im Magen. Dann geh bewusst rein in die Wut fühle sie und sage dir ok Wut ich habe dich erkannt, ich brauche dich aber nicht mehr, du darfst jetzt gehen.

Wende dann die Quantenheilung an, wie ich sie dir beschrieben habe. Sag dir:" Ich habe erkannt das mein Kollege nicht verantwortlich ist für MEINE Wut, danke das ich es erkennen und auflösen durfte."

Wenn du so bewusst auf deine Gefühle achtest, wirst du sie auflösen können und keine negative Energie weiter verbreiten, unbewusst auf andere und du wirst immer mehr und mehr zu deinem wahren Ursprung zurückkehren.

Eine kleine Geschichte über Abspeicherungen in unser Unterbewusstsein

Der kleine Felix ist 5 Jahre alt und hat zu seinem Geburtstag Rollschuhe geschenkt bekommen, Felix freut sich so sehr darüber aber leider regnet es draußen und er kann nicht Rollschuh fahren.
Er fragt Papa ob er in der Diele mit seinen Rollschuhen fahren darf, Papa ist einverstanden, er sitzt gerade in der Stube hört seine Mozartmusik und liest mit einer Tasse Tee seinen Western, Mama steht am Herd und macht Bratkartoffeln.
Felix zieht seine Rollschuhe an und freut sich so sehr zu fahren, Oma kommt in die Diele und sagt Felix pass bitte auf meine Bodenvase auf sie ist ein Erbstück und unbezahlbar.
Felix fährt freudig mit seinen Rollschuhen durch die Diele, sein Blick immer auf Omas Vase das sie bloß nicht kaputt geht. Plötzlich passiert es Felix verliert das Gleichgewicht und stürzt dabei kippt Omas Vase um und zerbricht. Oma kommt wütend aus ihrem Zimmer. „Du bist so böse, alles machst du kaputt, die schöne Vase." Papa hat sich so erschrocken vom Knall, dass er seinen Tee über sein Westernheft verschüttet. „Oh nein", ruft er „mein Heft ist versaut". Mama kommt angerannt

und fragt ob Felix sich weh getan hat und Papa und Mama streiten. „Wie konntest du es nur erlauben, dass er hier Rollschuhe fährt?" Felix sitzt weinend auf dem Boden und weint vor sich hin, während Mama die Scherben zusammenfegt und plötzlich ruft: "Oh nein, meine Kartoffeln sind angebrannt." 20 Jahre später hat Felix keine Erinnerung mehr an dieses Erlebnis, es ist in seinem Unterbewusstsein gespeichert, heute hasst Felix Mozartmusik und bei dem Geruch von Bratkartoffeln wird ihm übel, Felix hat wenig Selbstwertgefühl er hat im Unbewussten den Glaubenssatz:" Ich mach das lieber nicht, da könnte was passieren."

Dies ist eine Geschichte um dir zu zeigen wie etwas in unser Unterbewusstsein abgespeichert wird.

Das Gute daran ist, wir können das alles auflösen!

Weißt du wer der wichtigste Mensch in deinem Leben ist? Schau in den Spiegel, dann siehst du diesen Menschen. Sag „ja zu dir". Es ist dein Leben und niemand anderes weiß oder hat dir zu sagen was du brauchst und was gut für dich ist. Das Problem ist nicht das Problem, es wird zu einem Problem durch unsere negativen Gedanken.

*Ich bin nun am Ende dieses Buches angekommen,
ich danke dir vom ganzen Herzen, das du es bis
zum Schluss gelesen hast. Vielleicht hast du hin
und wieder gezweifelt an meinen Worten, ich kann
das sehr gut verstehen. Wie gesagt dieses ist meine
Wahrheit, wenn sich für dich etwas nicht richtig
anfühlt ist das völlig in Ordnung. Es ist auch völlig
in Ordnung, wenn du eine total andere Wahrheit
hast aber ich denke dann hättest du das Buch nicht
bis zum Ende gelesen.*

*Mein Herzenswunsch für alle Menschen ist, dass
sie erkennen, dass sie das Wunder sind, du bist
Liebe, du bist Licht. Wir sind das Wunder, wir
atmen, unser Herz schlägt ununterbrochen ohne
das wir was dafür tun müssen funktionieren all
unsere Organe. Nicht nur den Körper, den wir
sehen auch unser innerer Körper hält uns am
Leben, sollten wir dafür nicht dankbar sein? Wir
haben es unter Millionen von Samenzellen
geschafft und was für ein Wunder aus dieser
Samenzelle entstanden ist. Jeden Tag sehen wir
Wunder, nur nehmen wir sie nicht mehr wahr, weil
wir so beschäftigt sind mit dem Alltag. Schau in die
Natur, sie hat alles was wir benötigen, aus einem
Samen kommt eine neue Pflanze. Woher weiß diese
Pflanze das sie zum Beispiel ein Löwenzahn wird*

immer und immer wieder. Woher wissen die Blumen, welche Blumen sie werden sollen und welche Farben sie immer wieder annehmen?
Wir werden unser Licht ER-KENN-EN, wenn wir zurück in unsere Selbstliebe kommen. Innen wie Außen und wenn wir in unsere Liebe zurückkehren, strahlen wir diese Liebe aus und werden die Welt wieder zu einem besseren Ort machen können. Wir werden Liebe anziehen, weil wir sie ausstrahlen. Das sind wir uns schuldig, damit wenn wir wieder geboren werden, diese Welt ein schöner Ort ist für uns alle, für unsere Kinder, Enkel und Urenkel.

Ich wünsche dir aus tiefstem Herzen, dass du in deiner Liebe bist und bleibst oder zurückfindest. Vergiss nie wie einzigartig du bist und was für ein göttliches, lichtvolles Wesen du bist.

Ich glaub an dich, du schaffst das!

In Licht und Liebe von Herz zu Herz

Bettina

Danksagungen

Ich danke meinen drei wundervollen Kindern, die ich über alles liebe, dass sie mich so lieben wie ich bin.

Ich danke meinem kleinen Enkel, dass er mir immer wieder zeigt wie Kinder bedingungslos lieben und wie er mit mir zusammen die Natur erkundet.

Ich danke meinen geliebten Eltern, dass sie meine Eltern sind und durch die ich meine Erfahrungen sammeln durfte.

Ich danke meinen fünf Geschwistern, an denen ich wachsen und von denen ich lernen durfte.

Ich danke Brigitte, die bei mir die Begradigung durchgeführt hat.

Ich danke Gott, dass er mich erkennen ließ warum ich hier auf dieser Erde bin.

Ich danke allen Menschen, die mich so nehmen wie ich bin.

Ganz besonders danke ich meiner Seele, dass ich erkennen durfte das ich Licht und Liebe bin.

Mir ist bewusst dass es Menschen gibt, die wenn sie den Namen "Gott" hören sofort ablehnen. Ich möchte diesen Menschen sagen, der Name "Gott" ist nur ein Name, "Gott" ist Bedingungslose Liebe und diese Liebe verurteilt nicht und straft nicht. Vergesst das, was euch erzählt wurde es gibt kein strafenden Gott. Wir Menschen strafen uns selbst. Es gibt auch keine Schuld, es gibt nur Last, Last die wir uns selbst auftun. Das Kreuz ist nur ein Symbol. Ein Symbol für uns Menschen.

Kein Mensch ist besser als ein anderer, nur weil er dies erkannt hat.Kein Mensch kann dich heilen das kannst nur du. Es gibt wundervolle Menschen, die uns zeigen können, wie sie es gemacht haben aber die Bereitschaft, den Weg zu gehen, muss von jedem selbst kommen. Es geht nicht darum dutzende von Seminare zu besuchen, es ist alles in dir, Es geht darum unser Bewusstsein zu erweitern und wiederzuerkennen, wer wir wirklich sind. Gott setzt uns viele Zeichen. Es liegt an uns ob wir sie annehmen.

ICH GLAUB AN DICH!

Du brauchst deine Träume nicht aufgeben, gib nur deine Zweifel auf.

Er-kenne du hast alles in dir was du brauchst um deine Träume zu verwirklichen ?

"Gott "die Bedingungslose Liebe, liebt dich genauso wie du bist.

Welchen Weg du auch gehst du gehst ihn mit dem Segen der Bedingunslosen Liebe.

Alles was du dir antust, tust du auch der Bedingungslosen Liebe an, denn alles ist eins und alles ist miteinander verbunden

Schau in den Spiegel und verbeuge dich vor dir selbst.

Du bist einzigartig, kein anderer ist wie du und keiner wird jemals so sein wie du.

Du bist ein Lichtstrahl der Bedingungslosen Liebe.

Du bist sooooo wertvoll !

Du bist mehr als du denkst.

Alles was du siehst was dein Herz berührt, was dich erfreut bist du.

Fühle die Liebe und Vertraue deinem Herzen, nur dein Herz kennt den Weg und die Wahrheit.

Du bist ein Reisender auf Mutter Erde, nur der Schleier des Vergessens liegt über dir.

Wenn du wüsstest was du für eine Macht hast.

Glaub an dich und Vertraue hör auf dein Herz, das ist der Schlüssel zur Erkenntnis ❤

Sei still und wisse, das du ein göttliches Wesen bist.

Sei still und wisse, ich bin die Bedingungslose Liebe, die in dir ruht, in jedem Augenblick.

Sei still und wisse, ich lasse dich nie alleine.

Sei still und wisse, du bist das Licht das du suchst.

Sei still und wisse, das dein Glaube Berge versetzen kann.

Sei still und wisse, das das Paradies in dir ist.

Sei still und wisse, das dein Körper der Tempel ist.

Sei still und wisse, das das Unlicht durch deine Liebe geht.

Vertraue und wisse, ich bin dein Hirte ich vergesse dich nie.

Sei still und wisse, du kannst nie tiefer fallen, als in meine Hände.

Herstellung und Verlag:
BoD- Books on Demand, Norderstedt
ISBN: 978-3-7528-9589-6